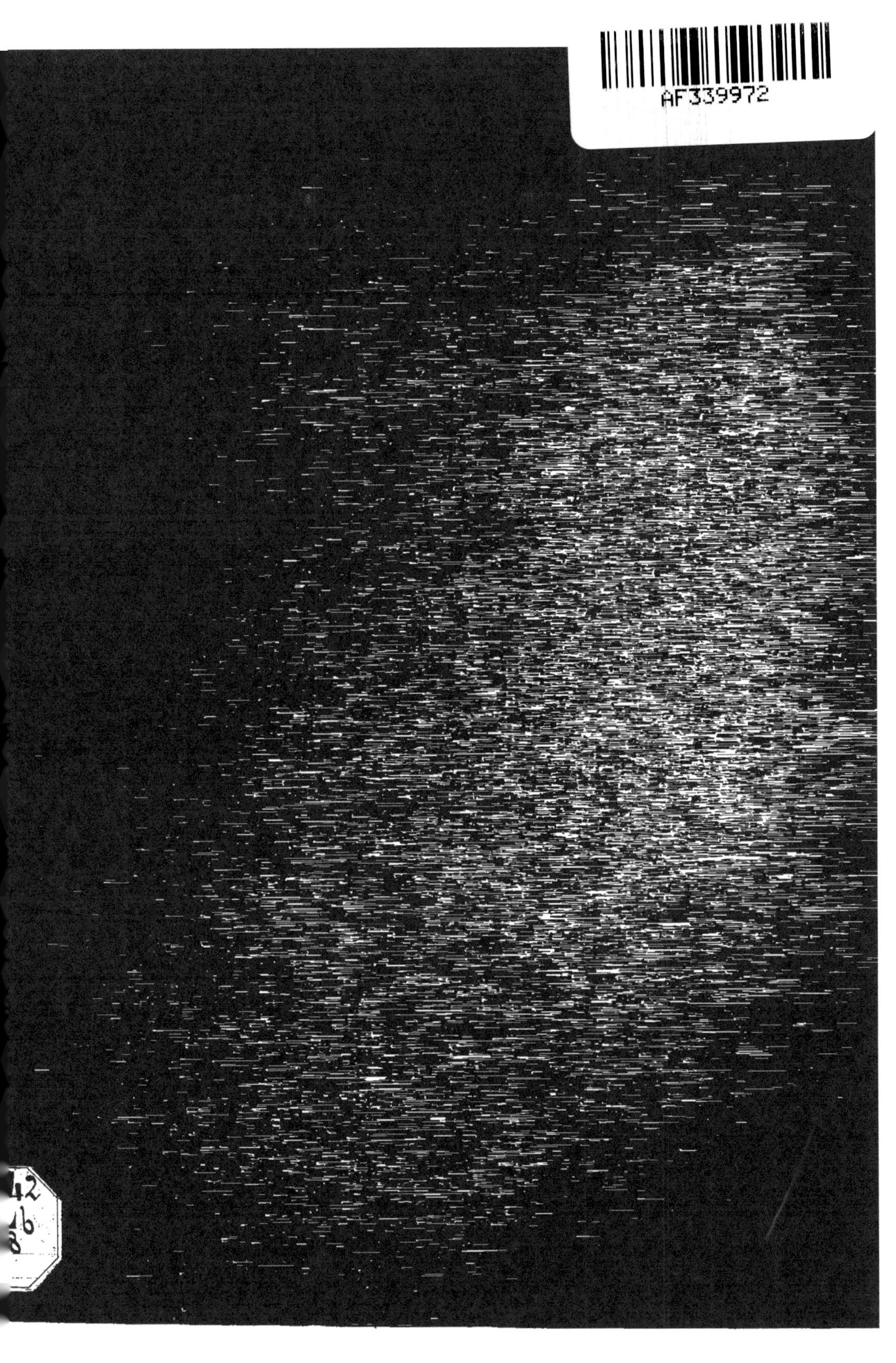
AF339972

AU CORPS LÉGISLATIF.

OBSERVATIONS

Sur le Rapport fait au Conseil des Cinq-cents, par le citoyen COURMENIL.

CITOYENS REPRÉSENTANS,

Le système des entreprises des hospices civils a été attaqué, le 17 de ce mois, dans un rapport dont vous avez ordonné l'impression, et la discussion trois jours après la distribution.

Le rapporteur attaque les entreprises tout à-la-fois, comme un système sauvage et comme plus dispendieux que la régie directe dans la main de la Commission, et dans celles des agens de cette même Commission qui se trouvent placés dans les vingt-deux hospices de cette grande commune.

Il peint les hospices, non pas tels qu'ils sont, mais tels qu'ils étaient au 1er. germinal dernier, lorsque la Commission gérait exclusivement.

Il représente les entrepreneurs comme spéculans sur la vie de leurs semblables, comme si sous le rapport même de leur intérêt il ne leur importait pas davantage de la leur rendre plus douce et moins douloureuse.

A

Le rapporteur enfin représente les employés des entreprise, comme ennemis du gouvernement républicain.

Citoyens Représentans, forts de notre conscience comme *citoyens* et comme *entrepreneurs*, nous vous dirons la vérité, toute la vérité, et le voile qui la couvre depuis si long-tems sera déchiré....... Loin de nous la pensée d'attaquer les principes et la loyauté du rapporteur : nous lui rendons franchement l'hommage qu'il mérite; mais il a été trompé, mais il ne connaît pas un seul hospice de Paris (*lui-même nous en a fait hier l'aveu*), mais il n'a vu ou consulté que ceux qui sont intéressés à ce bouleversement, et une partialité révoltante lui a mis à la main l'arme dont il veut nous frapper.

Nous démontrerons mathématiquement,

1°. Que le système des adjudications au rabais est non-seulement vicieux, mais qu'il compromet le service.

2°. Que le système des entreprises est le seul qui puisse se concilier avec l'économie et l'organisation des hospices civils.

3°. Que la loi du 16 messidor, si elle était applicable au traité passé le 9 ventôse, aurait un effet rétroactif; ce qui serait inconstitutionnel.

4°. Qu'il est faux que la nomination des employés fasse partie des attributions des entreprises.

5°. Qu'il est de toute fausseté que si les employés des hospices sont ennemis de la révolution, ce reproche puisse être fait aux entrepreneurs.

Première Proposition.

Le système des adjudications au rabais non-seulement est vicieux, mais encore il compromet le service.

Au mois de ventôse de l'an 6, la Commission des hospices fit une adjudication au rabais de la fourniture des viandes; une compagnie s'en rendit adjudicataire. A peine eut-elle fait le service d'une décade, que des plaintes universelles se portèrent à la Commission. Chaque jour on dressait des procès-verbaux; chaque jour le cit. *Porcher*, alors administrateur, tonnait, fulminait contre ces fournisseurs, et ce qui paraîtra inconcevable. Le cit. *Porcher* prétendait alors que les agens même de la Commission étaient complices de ces fournisseurs infideles.

Au mois de fructidor de la même année, un traité de soixante-quinze mille aunes de toile fut passé par les citoyens *Porcher*, *Lemoine* et *Avril*, alors administrateurs. On ordonnança au profit de ce prétendu fournisseur, une somme de 50,000 mille francs, lorsqu'il n'avait pas fourni une aune detoile ; et jamais on n'a pu découvrir ni le domicile, ni la profession de cet intriguant. Ces deux exemples suffiront sans doute pour démontrer l'inconvénient des adjudications publiques au rabais.

Mais disons le franchement, des entrepreneurs qui surveillent, qui ne tolerent ni les infidélités, ni les abus, sont des êtres incommodes, importuns à ceux qui vivaient d'abus et d'infidélités, des entreprises, des traités à long terme, des agens qui ne comptent pour rien le droit de la surveillance dès qu'il n'est plus lié à des droits bien plus précieux...... Tout cela dérange les calculs, tout cela exaspere..... (Rappellez-vous, Citoyens Législateurs, ce procès scandaleux qui eut lieu l'année derniere ; un administrateur des hospices accusé d'avoir reçu 24,000 francs pour un marché!... Ce délit monstrueux est connu, et le procès n'est pas encore jugé.)

Deuxieme Proposition.

Le systême des entreprises est le seul qui puisse se concilier avec l'économie et l'organisation des Hospices civils.

Nous avons à prouver que l'économie s'accorde avec le systême des entreprises. Le tableau ci-après en est la preuve matérielle. Nous soutenons enfin que le systême des entreprises est le seul qui puisse être en harmonie, soit avec le balancement des pouvoirs, soit avec l'organisation actuelle de la Commission des Hospices.

En effet, cette Commission ORDONNE, ORDONNANCE, PAIE et REÇOIT ; ce qui est monstrueux.

Cette Commission régit, tant au-dedans qu'au-dehors de Paris, vingt-deux hospices, dont la population s'éleve à environ 17,000 ames.

Huit cents quarante-une maisons à Paris font une partie de son domaine. Elle possede au-dehors 135 fermes et 15 moulins ; et dans Paris, un million de rentes. Elle perçoit le dixieme du produit des spectacles.

Cette Commission est en outre chargée de la pharmacie centrale de ces vingt-deux hospices et de toutes les prisons et maisons d'arrêt.

Elle est chargée de l'établissement de la boulangerie générale, où l'on fabrique chaque jour vingt-deux mille livres de pain.

L'établissement du Mont-de-Piété est placé sous sa tutelle.

L'éducation des enfans, le choix des instituteurs et des institutrices, l'admission des pauvres et des indigens, la nomination des officiers de santé, celle des élèves en pharmacie et en chirurgie ; tout cela est dans les attributions de cette Commission ; et lorsque par une sage prévoyance, par un savant accord de l'autorité qui surveille avec l'entreprise qui livre, le Directoire exécutif a trouvé le seul moyen d'équilibre pour balancer tant de pouvoirs, on veut tout-à-coup investir cette Commission d'une puissance nouvelle ; on l'affranchit de la dépendance heureuse du Bureau central ; *on veut lui confier exclusivement* le choix et la destitution de tous les employés : on veut, en un mot, lui donner une autorité tellement colossale, que si cette Commission était un instant composée d'élémens *tant soit peu* inflammables, elle pourrait, nous osons le dire, rivaliser de puissance avec l'autorité suprême. Mais cette discussion politique n'est pas de notre ressort. Nous laissons à des plumes plus exercées le soin de mûrir cette pensée. Nous nous bornerons à dire que le système des entreprises est adopté par les nations les plus éclairées de l'Europe ; que, sous les yeux du Corps législatif, tous les services de la guerre et de la marine sont en entreprise ; et qu'enfin, les dépôts de mendicité et les Invalides sont régis par ce système, qu'on affecte de peindre comme l'ouvrage du délire et de la barbarie.

TROISIÈME PROPOSITION.

Si la loi du 16 messidor était applicable au traité passé le 9 ventôse, elle aurait un effet rétroactif ; ce qui serait inconstitutionnel.

Un traité existe ; ce traité est un contrat synallagmatique qui ne peut être détruit que du consentement mutuel des parties. La justice le veut ainsi ; la constitution s'oppose à ce qu'aucune loi civile ou criminelle puisse rétroagir.

On ne peut donc briser ce traité, sans porter atteinte à un droit positif résultant d'un arrêté du Directoire exécutif, sans blesser enfin la constitution ; et si une digression nous est permise *comme citoyens*, ne pourrions-nous pas demander quelle est la loi organique qui a déterminé le mode de casser un arrêté du Directoire ? (En vain cherche-t-on à faire partager aux entreprises la défaveur dont on couvre le marché des farines ! Ces deux traités n'ont jamais eu rien de commun.)

QUATRIEME PROPOSITION.

Il est faux que la nomination des employés fasse partie des attributions des entrepreneurs.

Les entrepreneurs ne nomment à aucun emploi dans les hospices. — Les cuisiniers, aides de cuisine, infirmiers, sous-infirmiers, hommes de peine, blanchisseurs, couturieres et lingeres, balayeurs, jardiniers et portiers : voilà les grands emplois auxquels ils nomment ; et puisqu'ils les salarient et sont responsables du service, il faut bien qu'ils aient le droit de les nommer et de les destituer. Et comment la Commission des Hospices, qui nomme tous les agens de surveillance, qui nomme les contrôleurs et leurs commis, les instituteurs, les institutrices, les officiers de santé, les éleves en pharmacie et en chirurgie, qui nomme les architectes, contrôleurs, vérificateurs et inspecteurs de ses bâtimens, fermes et usines ; qui nomme à quatre-vingt emplois dans ses bureaux, qui prononce enfin sur toutes les admissions dans les hôpitaux ; comment cette Commission peut-elle jalouser la nomination à des emplois si subalternes, si peu dignes deshautes fonctions qui lui sont attribuées ? Ah ! disons-le, on veut révolutionner encore une fois ces asyles sacrés du malheur ; et peut-être en ce moment les citoyens Panis, Prieur (de la Marne), Marquet et Baudin, tous administrateurs, sont-ils assaillis, obsédés de demandes d'emplois ; et ils ne peuvent satisfaire à toutes les pétitions qui leur sont adressées, qu'en renversant tout ce qui est.

CINQUIÈME PROPOSITION.

S'il est vrai que parmi les employés des entreprises, il se trouve des ennemis de la révolution, il est absurde d'en faire le reproche aux entrepreneurs.

Les six compagnies articulent qu'elles n'ont d'autres employés dans les hospices que ceux qu'ellels ont trouvé dans les diverses maisons confiées à leurs soins ; et si un seul employé a pu manifester, soit par ses actions, soit par ses discours, une opinion contraire au régime républicain, l'agent de surveillance est bien coupable de ne l'avoir pas dénoncé aux autorités compétentes.

Législateurs, la question sur laquelle vous allez prononcer est de la plus haute importance, descendez un instant dans les détails des approvisionnemens de tous gènres et de toute nature qu'exige une population de dix-sept mille ames, dont les besoins, les vètemens, les goûts et le régime n'ont entr'eux aucune ressemblance, qui n'ont de commun que l'infortune, puisque l'enfant y est reçu des mains de la nature en naissant, et le vieillard y est soigné jusqu'à l'heure où cette même nature le redemande ; et vous direz à ceux qui dans cette discussion prennent leurs mouvemens passionnés pour la chaleur de leur ame, leur prévention pour une vertu austère, enfin leur amour-propre blessé, pour l'amour de ces infortunés, que sous leur administration *paternelle* ils ont souffert et supporté toutes les privations, et qu'aujourd'hui ils reçoivent des alimens sains, des vètemens et tous les secours que l'insouciance leur refusait. Vous leur direz que pour être heureux, les éleves de la patrie n'attendent plus que l'organisation de l'instruction ; que déjà d'utiles atelliers leur sont ouverts, et qu'en moins de sept mois, les entrepreneurs chargés de pourvoir à leurs besoins ont plus fait pour leur bonheur que la Commission en deux ans et demi.

Tous ces faits sont matériels, et l'entreprise invoque à cet égard le témoignage unanime et des éleves et de leurs surveillans.

Nous terminons, Représentans, nos observations, persuadés que nous avons démontré jusqu'à l'évidence l'avantage, à Paris, du systême d'entreprises sur la régie directe.

Il nous reste à prouver que la religion du rapporteur a été surprise sur un fait matériel qu'il nous importe de relever. L'octroi, dit-il, a suffi à peine pour payer les entrepreneurs. Voici notre réponse :

Au 1er. brumaire de l'an 7, l'octroi de bienfaisance a été établi dans la commune de Paris. Cinq mois se sont écoulés depuis le 1er. brumaire, époque à laquelle l'octroi de bienfaisance a été établi, jusqu'au 1er. germinal, époque de nos entreprises ; et durant ces cinq mois, la Commission des Hospices a dévoré 1,900,000 francs provenant de l'octroi. (Nous disons *dévoré* ; car au 1er. germinal, il n'y avait pas pour trois jours de vivres dans les vingt-deux hospices ; et depuis cette époque, c'est-à-dire en sept mois moins deux jours, les entrepreneurs n'ont reçu que la faible somme de 540,000 francs.

On leur doit aujourd'hui 1,600,000 francs ; (et non pas 60,000 francs comme le prétend le rapporteur.) Et c'est après avoir épuisé leur crédit, altéré leur fortune, que la Commission leur fait livrer un combat à mort, et qu'on vous propose froidement de rompre leurs traités, sans qu'un seul article de la loi prononce sur le mode et l'époque du paiement de leurs créances.

Il semblerait, et nous ne craignons pas de le dire, qu'on cherche à venger, *en sacrifiant les entreprises*, quelques expressions qui se trouvent dans les *considérants* qui précèdent le rapport du Ministre de l'Intérieur, que nous croyons devoir faire imprimer à la suite de nos observations. Non, Citoyens Législateurs, vous ne consacrerez point par une loi l'injustice que des passions particulieres nous préparent. Vous vous prononcerez sans partialité sur l'importante question qui vous est soumise. Vous ne briserez point des traités qui ont sept mois d'exécution, et qui n'ont pas encore excité une plainte ; vous ne ruinerez pas vingt-cinq peres de famille qui, sur la foi d'un contrat, ont engagé leur fortune et leur crédit ; et si quelques doutes sur la véracité de nos assertions s'élevaient dans vos esprits, vous en ordonneriez un sévere examen.

Quelle que soit au surplus votre résolution, nous lui porterons une obéissance respectueuse.

Les entrepreneurs du service des hospices civils de Paris, PASTÉ, PRUD'HOMME, RIVIERE, VEYLARD et DUQUESNOY, DELAROUE et PANKOUXE.

Ce 22 vendemiaire an 8.

MINISTERE DE L'INTÉRIEUR.

LIBERTÉ.   ÉGALITÉ.

Le Ministre de l'Intérieur, vu l'arrêté du Directoire exécutif, du 19 frimaire, portant, art. III, que les fournitures nécessaires à l'entretien et subsistance des hospices civiles de Paris seront mises en entreprise.

Vu pareillement l'arrêté de cejourd'hui 9 ventôse, qui charge le Ministre de l'acceptation des fournissions.

Considérant que si la mesure de l'entreprise est devenue indispensable par les débats qui se sont élevés entre les membres de la Commission chargée de l'administration de ces établissemens, par les retards que cette Commission *continue* de mettre à rendre compte de sa gestion et des fonds mis à sa disposition depuis l'époque de son organisation, par l'état de déconsidération dans laquelle elle est tombée, ainsi qu'il résulte des renseignemens transmis *officiellement* au Ministre, par l'impossibilité dans laquelle elle se trouve *d'opérer aucun bien et d'assurer le service*; par la nécessité de faire enfin cesser ses abus, et de rétablir la confiance si nécessaire à une administration, il importe de prendre toutes les précautions que la sagesse, la prudence et l'humanité commandent ;

Voyez la lettre des médecins du Grand-Hospice d'humanité aux entrepreneurs dudit hospice.

Citoyens,

« Quoique l'expérience que donnent les années, quoique la connaissance des hommes, résultat nécessaire de cette même expérience, nous ait appris depuis long-tems à ne pas trop compter sur ces grandes promesses faites si souvent et si vainement, d'améliorer le sort des malades confiés à nos soins : nous ne pouvons cependant qu'applaudir aux in-

Considérant que des adjudications au rabais dans l'espace dont il sagit, seraient à la fois *immorales et dangereuses*, et ne pourraient qu'ajouter aux abus et compromettre l'existence des malheureux, en livrant les approvisionnemens à des hommes qui n'ont de ressources que dans l'intrigue et le mauvais choix des fournitures;

tentions droites et bienfaisantes qui vous animent.

» De tous côtés nous avons recueilli des témoignages et votre faveur qui n'ont rien de suspect.

» Nous pouvons assurer que les alimens sont bons et mieux préparés, que le vin est d'une méilleure qualité, qu'il regne plus d'ordre dans les distributions, que les quantités prescrites sont données exactement, les soins de propreté ne sont pas négligés; nous avons été de tous côtés à l'affut des plaintes, aucune ne s'est fait entendre. — Qu'avons-nous à desirer, c'est que le service continue à se faire d'une maniere aussi réguliere et aussi bien entendue pour l'avantage des malades. Nous louons dans ce moment-ci, parce que nous n'avons qu'à louer; mais nous n'épargnerons pas les reproches quand il y en aura à faire. »

Signés, DANIÉ, MALET, LAUREAUX, LEPREUX, DEFRASNE, BOCQUILLON, ASSELIN, DUHAUME *et* MONTAIGUE.

(Pareils certificats donnés par tous les officiers de santé des autres hospices.)

Considérant qu'il s'agit moins ici d'appeller des adjudicataires au rabais, que de trouver des associations en état d'apprécier les obligations qu'elles contractent, et qui dérigées par des vues d'ordre et de philantropie, puissent seconder par leur fortune, leur zele et leur crédit, les améliorations que le Gouvernement veut apporter dans ces établissemens;

Considérant d'ailleurs que les élémens dont se compose la journée des malades et des indigens dans les hospices, sont assez connus, et la valeur des deurées si faciles à vérifier,

B

Au 1er. germinal, il n'y avait pas d'alimens pour trois jours, les vêtemens étaient en lambeaux, les croisées sans vitres, les malades disputaient aux mourans leurs couvertures; tout ce qu'il a été humainement possible aux entrepreneurs de faire pour le bien des malades et l'intérêt des pauvres, a été fait avec zele, avec courage, avec persévérance.

que l'on peut aisément se fixer sur une quotité de prix au-dessus et au-dessous duquel on ne verra jamais errer que l'ignorance ou la mauvaise foi;

Considérant sous un autre rappart que les maisons hospitalieres sont dans un état de dégradation totale, que les magasins sont dénués de linge et des effets d'habillement, que les approvisionnemens des denrées les plus indispensables ont été et sont encore à chaque instant compromis;

Considérant que, dans ces circonstances impérieuses, il est plus que jamais urgent de mettre à exécution des dispositions qui, en dégageant la Commission des entraves, des soins, des inquiétudes que donne la nécessité de pourvoir à tous les besoins physiques, lui rendront les moyens de se livrer sans obstacles à tous les genres d'amélioration dont les hospices sont susceptibles, et que sollicitent également l'intérêt du pauvre et les vœux du Gouvernement;

Considérant qu'à cet avantage viendra se joindre celui d'éteindre enfin les dissentions intérieures que l'état actuel des choses a fait naître, et qui ne pourraient que se perpétuer, s'il était plus long-tems maintenu;

Il y a dans les hospices des éleves de la patrie, et des hommes à Bicêtre, des atteliers de tailleurs, cordonniers et tapissiers; filatures, corderies; un atte-lier d'armes est sur le point d'y être éta-bli.

Les comptes de recette et de dépense de l'an 6 n'ont pas encore été rendus.

Le retour de l'ordre et de l'éco-nomie, dans un service intéressant si essentiellement les malheureux qui, désormais par une surveillance plus active et plus réguliere, rece-vront les secours et les consolations qu'ils ont droit d'attendre d'une inspection vraiment philantropique et paternelle, et si sagement établie dans quelques hôpitaux étrangers;

La fin des dilapidations et la dis-parution d'une foule d'employés inutiles;

L'établissement d'atelliers pro-pres à occuper les vieillards encore en état de travailler, et à préparer les enfans à des professions utiles pour eux et la société, en les arra-chant à l'oisiveté dans laquelle ils végetent;

La connaissance précise de l'éten-due et du résultat des dépenses rela-tives à cette partie d'administration, l'expérience prouvant aujourd'hui que ce n'est pas sans difficulté que l'on peut obtenir des commissions les renseignemens propres à éclairer le Gouvernement sur la nature et la régularité de ces dépenses;

Une économie certaine, en ce que les journées seront à un prix inférieur à la dépense actuelle qui, d'après des apperçus particuliers, est évaluée à 6,176,163 francs, non compris les droits d'octroi établis

L'expérience confirme chaque jour le bienfait de cette entreprise.

Voyez le rapport du cit. Tenon , de l'Académie des sciences , envoyé alors à cet effet en Belgique , en Hollande et en Angleterre.

depuis, et qui auraient été à la charge de l'administration, tandis que par l'effet des entreprises, et le résultat combiné des soumissions présentées pour le service de ces établissemens, elle peut être réduite à celle de 5,365,500 francs , y compris les droits d'octroi actuellement en activité , lesquels sont à la charge des entrepreneurs ; ce qui donne pour chaque année une économie de 810,663 francs ;

Considérant que pendant l'exercice de l'an 6 , les dépôts de mendité ou maisons de réclusion ont été dans un état de détresse qui a souvent alarmé le Gouvernement ; que depuis l'an 7 le service de ces établissemens est en entreprise , sous la surveillance des commissaires du Directoire exécutif , et se fait avec une régularité telle que l'on ne peut douter des avantages que présente le système des entreprises , en associant la fortune publique à la fortune individuelle ;

Considérant enfin que, parmi les expériences dont les résultats en grand ont le plus satisfait les commissaires de la ci-devant académie des sciences, dans leur inspection des hôpitaux d'Angleterre, est celle de l'usage de donner les fournitures à des entrepreneurs ; arrête ce qui suit :

ARTICLE PREMIER.

Sont acceptées pour le service des hospices de Paris, les soumissions ci-après ; savoir : .

1°. Pour les hospices des Malades et de la Maternité, les compagnies *Paffe* et *Prudhomme*.

2°. Pour la Salpêtriere, les compagnies *Rivierre* et *Desplasses*.

3°. Pour les hospices d'Enfans et Orphelins, les compagnies *Veytard* et *Duquesnoi.*

4°. Pour les hospices de Bicêtre et de Montrouge, la compagnie *Delaroue.*

5°. Pour les hospices des Vieillards, la compagnie *Martin* et *Panckoucke.*

ART. II.

Chaque entreprise entrera en activité au 1er. germinal prochain, ou plutôt s'il est possible, et se retirera sans délai par-devant le commissaire près l'administration centrale du département de la Seine, pour la présentation et discussion des cautions et cautionnemens.

ART. III.

Les journées des malades, d'indigens, d'éleves et d'instituteurs, seront acquittées à raison des prix énoncés dans le tableau ci-annexé, formant le résultat combiné des

sonmissions présentées pour le service de ces établissemens.

A r t. I V.

<table>
<tr>
<td>

Cet article a été tellement oublié , que sur sept mois , on nous en doit au-delà de cinq.

</td>
<td>

Le Département de la Seine tiendra, chaque mois, en réserve, sur les produits de l'octroi de bienfaisance, les fonds nécessaire pour être employés au paiement des états de journée conformement à l'art. VII, de l'arrêté du 19 frimaire.

Il fera surveiller l'exécution de ces dispositions, et en rendra compte au Ministre de l'Intérieur.

Paris, ce 9 ventôse an 7 de la République.

</td>
</tr>
</table>

<hr>

A P A R I S,

De l'imprimerie de H. Agasse, rue des Poitevins, n°. 13.

<hr>

An 8 de la République.

APPERÇU sommaire des dépenses faites par la Commission pour les hospices civils de Paris, avant l'entreprise, comparées avec celles qui auront lieu par l'effet de l'entreprise.

DÉPENSES DE LA COMMISSION.

La dépense connue de l'an 5 s'est élevée à...................... 5,800,000. francs

A quoi il convient d'ajouter,

1°. Pour la dépense à laquelle aurait donné lieu le paiement de l'octroi de bienfaisance sur toutes les denrées de consommation aujourd'hui à la charge des entrepreneurs, et qui eût été payé par la Commission, s'il eût existé............... .... 160,000.

2°. Pour l'augmentation des rations de vin et de viande à chaque individu, et dont il eut résulté pour la Commission un surcroit de dépense de 150,000.

TOTAL auquel se seraient élevées les dépenses de la Commission si les entreprises n'eussent point eu lieu........................... 6,110,000.

DÉPENSE PAR L'EFFET DES ENTREPRISES.

D'après la population connue et l'expérience de six mois d'exercice, le total général des dépenses, par l'effet des entreprises, sera, par an, de... 5,307,500.

DIFFÉRENCE à l'avantage du système des entreprises............ 802,500.

Cette somme de 802,500 francs donnera, pour les trois années de l'entreprise, une économie, pour le Gouvernement, de.............. 2,407,500.

A quoi il convient d'ajouter,

1°. Pour la mise au complet et réparations de tous les linges, habits, de la literie, etc., dont sont chargés les entrepreneurs, la somme de 1,200,000 francs qui serait au compte du Gouvernement, s'il renonçait au système de l'entreprise, ci....................... 1,200,000.

2°. Pour les réparations locatives, tant celles à faire lors de l'entrée des entrepreneurs, dont ils ont été chargés, que celles par chaque année de leur jouissance, et qu'on évalue au moins à 200,000 fr., et que le Gouvernement, s'il faisait régir par la Commission, serait tenu de rembourser et de payer...................... 200,000.

TOTAL des avantages, qui résulteront pour le Gouvernement, du système des entreprises pendant trois années..................... 3,807,500.

www.ingramcontent.com/pod-product-compliance
Lightning Source LLC
LaVergne TN
LVHW050348030726
842520LV00005B/2009